ELIMINANDO O
REFLUXO

DIGA ADEUS AO REFLUXO
COM ESTE GUIA COMPLETO

Sumário

Sobre o autor:

==AVANTE EDITORIAL== é um empreendedor residente no ==BRASIL==, que adora compartilhar conhecimento e ajudar outras pessoas no tópico referente a ==SAÚDE E ALIMENTAÇÃO==.

==AVANTE EDITORIAL== é uma pessoa dedicada, que sempre se esforça ao máximo para ir além. Palavras De Sabedoria de ==AVANTE EDITORIAL:==

"Eu acredito que não há segredos para se tornar bem-sucedido na vida.
E eu realmente acredito que o resultado do verdadeiro sucesso na vida é proveniente do trabalho duro, da preparação e, o mais importante de tudo, do aprendizado através das falhas."

ELIMINANDO O REFLUXO

CAPÍTULO 01
INTRODUÇÃO

Refluxo ácido — as palavras são bem familiares na cultura atual. Do que se trata esta condição de saúde que causa todo esse reconhecimento entre tantas pessoas? Talvez seja o fato de que nós somos inundados com comerciais sobre esta condição, praticamente todo dia.Talvez seja o fato de que tantas pessoas tentam auto diagnosticar esta condição toda vezque sentem um pouco de azia. Talvez seja porque tantas pessoas estão realmente sofrendo desta condição que ela quase se tornou comum.

Embora o instinto de muitos seja descartar o refluxo ácido como uma condição aparentemente simples, pode ser uma com a qual é verdadeiramente difícil de se conviver. Se você não receber o diagnóstico adequado e trabalhar através de um plano de tratamento adequado com um profissional médico, o refluxo ácido pode literalmente dominar sua vida.

Então porque é que o refluxo ácido se tornou uma condição de saúde tão comum, generalizada e bastante aceita? Do que se trata esta particular desordem gastrointestinal que tem feito tantos apenas ignorá-la? É difícil dizer em cada caso, mas para a maioria provavelmente tem a ver com o fato de que existem diversos medicamentos diferentes no mercado. Diversas empresas farmacêuticas têm se apressado em distribuir e comercializar a sua própria versão de medicamento para refluxo ácido.

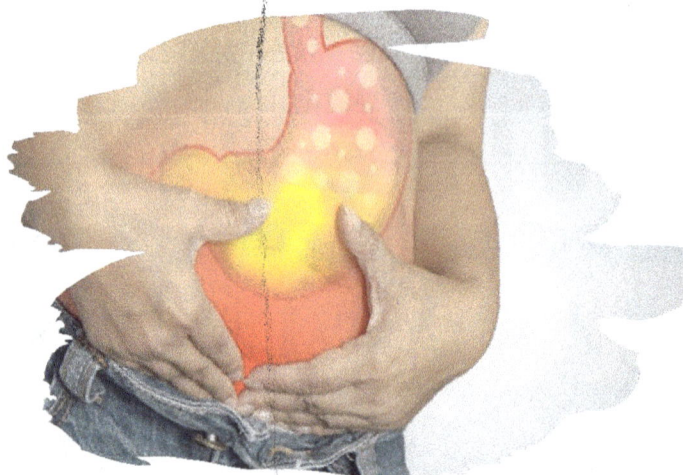

Você vê tantos comerciais diferentes, porque existem muitos medicamentos, todos prometendo ajudá-lo a lidar com os sintomas comuns. Embora isto possa ser um alívio para aqueles que sofrem de refluxo ácido e para os médicos queos prescrevem, também pode ser um pouco confuso.

Compreender o que é o refluxo ácido e como conviver com ele pode revelar-se útil. Ele pode ser um distúrbio gastrointestinal bastante frustrante e debilitante, e saber detalhes sobre ele pode ajudá-lo a lidar com ele ao longo de sua vida. refluxo ácido pode literalmente dominar sua vida.

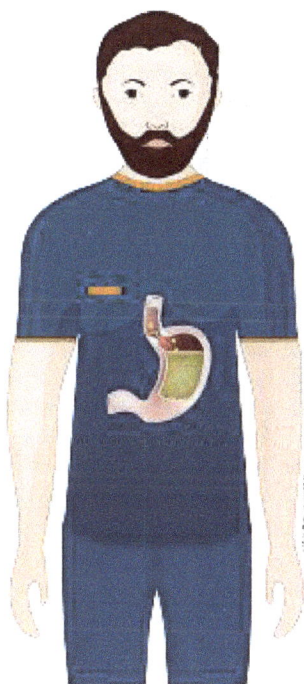

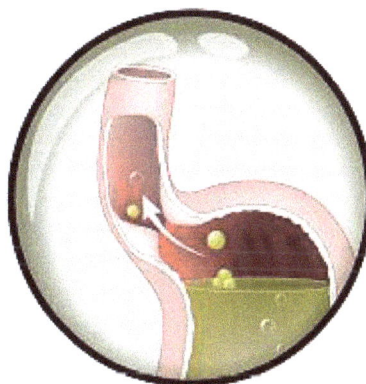

ELIMINANDO O
REFLUXO

CAPÍTULO 02
UMA DOENÇA SURGINDO EM TODO LUGAR!

Uma doença comum, surgindo em todo lugar

O mais assustador é que você ouve sobre o refluxo ácido, de alguma forma ou maneira, em quase todos os segmentos da população. Todos, desde os mais jovens até os mais velhos parecem ser atormentados com algum nível de refluxo ácido.

Há anos as pessoas nunca perceberam que esta condição de saúde aparentemente comum poderia causar tal agitação entre tantos segmentos diferentes. Não é incomum que bebês desenvolvam azia ou DRGE, que é a Doença do Refluxo Gastresofágico, em reação a uma receita ou até mesmo ao leite materno. Isso certamente é algo para ser levado a sério, pois bebês tão jovens, com alguns meses ou mesmo semanas, devem ser colocados em algum tipo de medicação para ajudá- los a digerir os alimentos.

Apesar de algum nível de refluxo ácido certamente estar presente por anos, a ocorrência tornou-se quase alarmante. Parece que as pessoas de qualquer idade estão desenvolvendo algum nível de refluxo ácido, e isso está inibindo as funções mais simples em suas vidas. As pessoas afligidas com esta condição já não podem simplesmente comer uma refeição sem sofrimento.

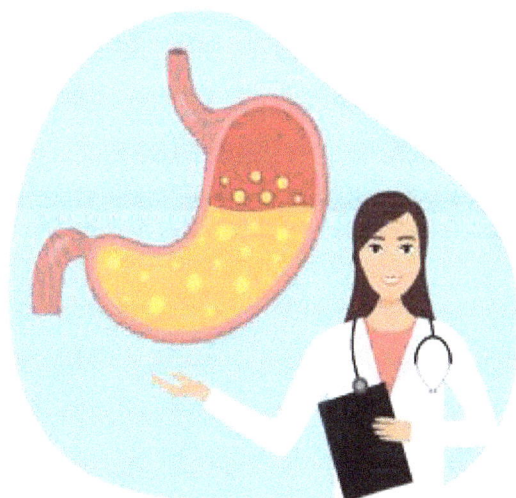

Então o que é, de onde ele vem, e por que é tão comum hoje em dia? São estes assuntos que nós vamos analisar. Compreender como a condição se desenvolve e, mais importante, como se mostra através de sintomas comuns é uma parte importante do processo. Embora seja sempre uma boa ideia se envolver e compreender qualquer tipo de condição de saúde, isto vale especialmente quando se trata de refluxo ácido. Não só pode ajudar com seu tratamento, mas pode ajudá-lo a lidar e viver confortavelmente com isso.

Não é sua condição habitual de saúde

Embora existam muitas condições de saúde que as pessoas tendem a ignorar na sua vida, o refluxo ácido não deve ser uma delas. Se não tratado, pode evoluir para algo mais sério que pode causar danos a longo prazo. Os sintomas podem começar simples e lentamente, mas podem muito bem se transformar em algo que se torna quase insuportável de se lidar. Conforme descrevemos quais são os sintomas e como eles podem afetar sua vida, é importante estar à frente deles e fazer a sua parte, procurar atendimento médico. Um caso de azia aqui e ali não é o problema, pode acontecer com qualquer um. O problema é quando a azia começa a ocorrer com mais frequência e se torna mais intensa. É quando a azia começa a se misturar com outros sintomas e faz com que o simples ato de comer e digerir uma refeição possa parecer impossível. É quando os sintomas desta doença aparentemente simples se transformam em algo tão complexo e esmagador que pode fazer com que você pense duas vezes antes de beber um simples copo de água.

Apesar das particularidades de cada caso de refluxo ácido,uma coisa permanece a mesma — o diagnóstico e tratamento adequado são imperativos. Se você sentir que seus sintomas estão se intensificando ou multiplicando,então vá a um médico.

Há uma série de possibilidades,mas saiba que o refluxo ácido é algo com o qual você pode e vai conviver. Se você o pegar logo no início, você pode descobrir que certosmedicamentos ou mudanças no estilo de vida podem solucionar o problema. Realmente depende do que você está disposto a fazer e de que mudanças você está disposto a fazer se esse transtorno assumir sua vida. A melhor coisa que você pode fazer se você suspeitar de refluxo ácido, ou mesmo se você tiver um histórico familiar, é procurar o médico e pedir para que ele dê uma olhada. Ele não tem que tomar conta da sua vida, e existem alguns métodos e ferramentas simples que você pode utilizar para torná-lo um pouco mais suportável.

Não ceda à frustração, nem permita que esta condição de saúde controle sua vida.

A ajuda está a caminho

Nós vamos ajudá-lo a cada passo do caminho. Nós iremos descrever para você os sintomas comuns do refluxo ácido. Para destacar a importância desta desordem, vamos lhe dizer o que procurar e o que pode ocorrer se não for tratado.

Nós ajudaremos você a ver como a medicação, ou talvez como um tratamento alternativo, pode ajudar. Embora seja verdade que o refluxo ácido se tornou proeminente e comum entre pessoas de todas as idades e estilos de vida, ele não precisa dominar você. Parte de viver com refluxo ácido é se informar e entender o que é e como você estar à frente dele. Se informar é o que irá ajudar você não apenas a melhorar, mas a encontrar uma maneira razoável de conviver com ele. Nossa intenção é informar e mostrar a você como lidar e conviver melhor com esta condição de saúde muitas vezes frustrante. Antes de deixar o refluxo ácido controlar sua vida, nós lhe daremos as ferramentas necessárias para evitar que isso aconteça. Vamos começar e descobrir o que é o refluxo ácido.

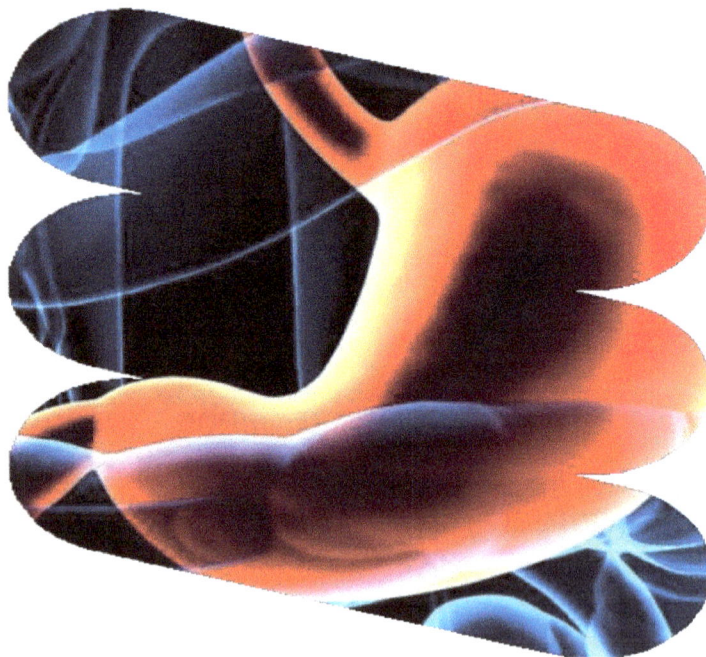

ELIMINANDO O REFLUXO

CAPÍTULO 03
ENTENDA O QUE É REFLUXO ÁCIDO

Entenda o que é o refluxo ácido

Então o que realmente é refluxo ácido? Se você acha que o nome diz tudo, está apenas meio certo. Sim, há ácido envolvido, mas você sabe de onde vem? Se tornar um pouco científico e entrar nos detalhes reais desta desordem gastrointestinal aparentemente simples pode ser uma jogada inteligente para um paciente que sofre com isso. Se você acha que sabe tudo ousente que pode controlar os sintomas e a condição por conta própria, então talvez esteja bem informado(a). Este não é o tipo de condição de saúde que só aparece como resultado dos alimentos que você come ou do estilo de vida que você tem.

Embora estes possam ser fatores em seu tratamento adequado,são realmente o resultado de uma ineficiência no seu corpo. É por isso que o diagnóstico adequado é tão importante e por isso que você deve chegar à essência do que realmente está acontecendo.

Vamos entrar na ciência de tudo. Aqui você vai descobrir do que o refluxo ácido deriva:

> ➤ *No nível mais fundamental, os ácidos do estômago fluem de volta para o esôfago. Isto é o que provoca a azia e aquele sentimento de "acidez" no peito ou garganta.*

➤   O esôfago é o tubo entre o estômago e a faringe e éimportante entender sua localização e importância. É por este tubo que a comida mastigada passa; ele se destina a transportá-la para continuar a digestão. No refluxo ácido,é aqui que começam os problemas.

➤   O esfíncter esofágico é a válvula que abre e fecha para evitar que os ácidos estomacais voltem para o esôfago ou garganta. Normalmente esta válvula funciona corretamente para manter os ácidos estomacais no estômago, onde ajudam no processo da digestão.

➤   Quando o esfíncter esofágico fica enfraquecido ou simplesmente não funciona corretamente, é aí que os ácidos tendem a voltar. Os sucos gástricos ou ácido estomacal volta para o esôfago e em seguida para a garganta. É daí que vem a dor ou queimação com a qual muitos estão familiarizados, pois os ácidos podem produzir tais resultados.

➤   Em alguns casos, o esôfago pode tornar-se enfraquecido e, assim, contribuir para o refluxo ácido mais tarde na vida. Em outros casos, este esfíncter pode nunca ter se desenvolvido corretamente, em primeiro lugar. É aí que você vê o refluxo ácido, ou um problema relacionado ocorrer em bebês, onde pode estar enfraquecido ou simplesmente subdesenvolvido.

Entendendo como tudo funciona

Então, agora você vê a ciência de tudo. Você entende o que exatamente está acontecendo lá e porquê a sensação de queimação ou acidez pode surgir. É importante saber que as pessoas podem sofrer de algum tipo de refluxo ácido, aqui e ali. Indigestão e azia são bastante comuns. Isto pode ser devido a certos alimentos que um indivíduo pode comer, ou mesmo por causa do stress. Algum nível de refluxo ácido ou azia é comum e geralmente é uma incidência isolada, com a qual não há necessidade de se preocupar. Aqui está uma maneira fácil de distinguir a azia do refluxo ácido — azia é a sensação que você experimenta, enquanto refluxo ácido é a ação que causa a azia. Refluxo ácido é a condição subjacente que surge quando o ácido volta, e a azia é a verdadeira dor que um indivíduo sente.

Embora seja sempre uma boa ideia prestar atenção em qualquer tipo de azia e garantir que não seja nada mais grave ou associado a um padrão, às vezes a azia é apenas azia, e nada mais. Se, no entanto, você sentir que seus sintomas estão se multiplicando ou intensificando, então precisa mesmo ir a um médico para um diagnóstico correto. Embora todo mundo seja diferente, existem alguns sintomas de refluxo ácido que podem ser bastante comuns, e até facilmente reconhecíveis. Se você estiver à frente disto e se informar sobre os sintomas comuns, isto pode realmente ajudar no tratamento e, em último caso, no diagnóstico. Então, aqui estão alguns dos sintomas mais comuns de refluxo ácido:

➢ **Azia** :embora todos nós soframos de algum nível de azia, vez ou outra, esta é uma azia que parece não querer ir embora. Lembre-se neste momento, que a azia pode ocorrer com mais frequência ou ser muito mais intensa do que em um caso isolado. Este geralmente é o primeiro sintoma a se prestar atenção para verificar a frequência e intensidade.

➢ **Dor** :embora possa ocorrer em qualquer parte do estômago e acima com o refluxo ácido, é mais comum na garganta. A dor pode vir e ir, pode ser constante, pode piorar às vezes, ou pode ser quase insuportável nos casos mais graves.

➢ **Queimação**: Como o refluxo ácido volta para o esôfago, isso resulta em uma queimação muito comum. Na realidade, este ácido estomacal realmente tende a queimar. Ele pode aparecer como uma espécie de sensação de arrotos que tendem a queimar, ou pode ser uma queimação constante e muitas vezes agravada, que parece não ir embora.

➢ **Dor no peito**: este não é geralmente o tipo de dor no peito que se poderia confundir com um problema de coração, mas uma dor no peito de natureza mais irritante e chata. Esta dor é frequentemente associada com a queimação característica da qual as pessoas com refluxo ácido se queixam.

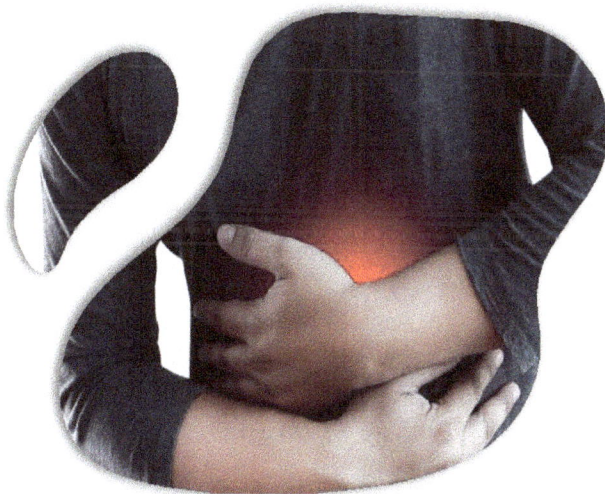

➤ **Regurgitação** : pode começar com um gosto horrível na boca, e isso pode então se transformar em uma espécie de "arroto molhado". Em casos mais graves de refluxo ácido, a regurgitação até pode resultar em vômitos, onde a comida é incapaz de ser digerida.

➤ **Dor de garganta**: o que pode começar com uma dor de garganta que muitos podem confundir com um resfriado ou gripe se transforma em algo que está definitivamente associado com uma dor e queimação que é um sintoma inconfundível de refluxo ácido.

➤ **Náusea, inchaço, desconforto estomacal e até mesmo v ô mitos** :estes são considerados juntos porque se um caso de refluxo ácido se tornar realmente intenso,então você poderá ver o surgimento de alguns destes sintomas mais extremos. A coisa confusa sobre esses sintomas que definitivamente vale a pena mencionar é que eles muitas vezes podem estar associados a outros distúrbios gastrointestinais. Estes sintomas geralmente surgem em conjunto com alguns dos outros sintomas listados acima, por isso é importante prestar atenção no quadro geral e procurar por padrões.

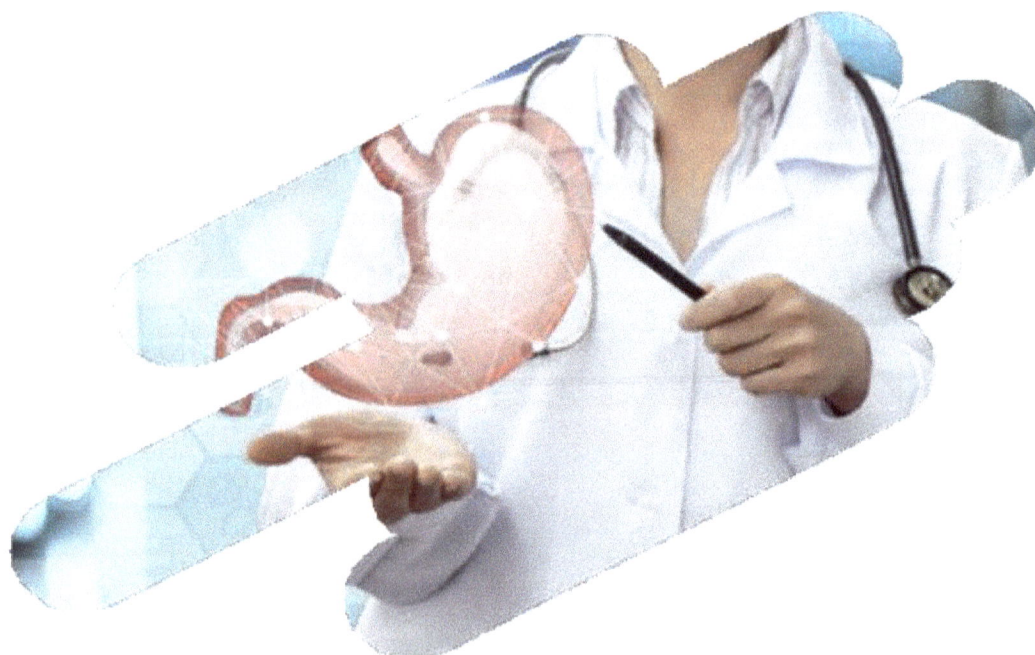

Todo mundo é diferente

É importante lembrar que, como qualquer outra condição de saúde ou doença, o refluxo ácido é diferente para todos. Embora os sintomas listados acima englobem alguns dos mais comuns que aparecem em indivíduos com refluxo ácido, pode haver outros que aparecem a qualquer hora. A idade de uma pessoa, estilo de vida, histórico familiar ou outras condições médicas podem contribuir para a maneira como o refluxo ácido aparece e toma conta. Em uma criança por exemplo, o refluxo ácido pode comumente ser associado com ataques de choro e vômitos projetados. É importante para os pais prestarem atenção a qualquer dificuldade em comer ou padrões incomunsde vômito que pareçam ser diferentes do cuspe habitual do bebê. Em indivíduos que já tenham asma, o refluxo ácido pode aparecer e tende a agravar esta condição. Isso pode fazer com que tais indivíduos tenham problemas respiratórios ou sofram ataques de asma em casos extremos, pois o ácido estomacal pode complicar ainda mais esta condição já difícil.

O ponto principal é que todo mundo é diferente, o que equivale a dizer que às vezes os sintomas podem aparecer de maneira mais extrema, e às vezes podem não ser muito intensos. Algumas pessoas podem sofrer de apenas um dos sintomas, enquanto outros podem ter uma combinação de sintomas. Como um indivíduo, é importante prestar atenção nos sintomas dos quais você sofre.

Pode até ser útil manter um diário, anotando quando os sintomas ocorrem, quais são equando tendem a agravar-se. Procure por padrões de frequência ou intensidade para determinar o que está acontecendo, pois esse pode ser o primeiro passo que você dá com um médico. Acima de tudo, procure um médico para obter o diagnóstico correto. Isso pode ser algo com o qual seu clínico geral pode ajudar, ou pode ser algo que necessite da ajuda adicional de um especialista, se for um caso mais extremo. Comece com o seu médico regular e lhe diga sobre seus sintomas, quando se agravam ou com que frequência aparecem. Se você tomar a iniciativa de ir ao médico com um pouco de educação de base, pode ajudar o seu médico com um diagnóstico adequado e, finalmente, o tratamento — porque afinal isso é o que você quer, para que você possa viver e lidar corretamente com esta doença. Cada caso de refluxo ácido é diferente, então é importante lembrar disso e chamar para si a responsabilidade de ajudar com um plano de diagnóstico e tratamento eficaz.

Situações comuns podem agravara condição.

O que você pode não perceber é que certas condições, fatores, ou itens tendem a agravar o refluxo ácido. Há momentos em que o refluxo ácido pode aparecer sem dúvida, e há circunstâncias onde ele pode piorar como uma condição já existente. Aqui estão alguns exemplos onde você pode esperar sofrer ou ter uma reação pior a um refluxo ácido   já   existente:

Gravidez:

É bastante comum que as mulheres grávidas desenvolvam
refluxo ácido. Conforme o bebê cresce e o útero cresce junto com ele,
isto pode tender a empurrar os outros órgãos.Em última análise, isto
pode resultar em uma digestão inadequada de alimentos ou o ácido
estomacal pode voltar para o esôfago. Azia é um sintoma comum da
gravidez e refluxo ácido é uma condição que muitas vezes se
desenvolve como resultado de gravidez.Ela pode desaparecer após o
parto ou pode continuar bem depois que o bebê nasce.

Comer grandes refeições:

Sejamos realistasç todos nós tivemos uma indigestão depois de comer o
jantar de ação de Graças ou outras grandes refeições. No entanto para
aqueles que sofrem de refluxo ácido, comer uma grande refeição pode
fazer com eu seus sintomas disparem. O consumo excessivo de
alimentos pode resultar na incapacidade de digeri-los, e a volta dos
ácidos estomacais pode ser intensificada. Isto é algo para ficar atento, e
que discutiremos em capítulos posteriores como pequenas refeições mais
frequentes podem realmente ajudar as pessoas com refluxo ácido.

Alimentos ativadores:

Chegaremos em detalhes na dieta e alimentos e sua relação com o
refluxo ácido, pois há muito para se falar. É interessante notar, porém,
que determinados alimentos tendem a agravar ainda mais a situação e
fazer com que os sintomas venham realmente ra pida e furiosamente.

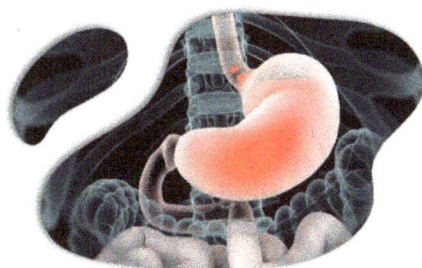

Às vezes você pode nem sequer percebem que você ingeriu "alimentos ativadores" até realmente começar a prestar atenção nas coisas de perto. Entender o que funciona contra você ou piora as coisas pode realmente ajudar a lançar alguma luz sobre como lidar com refluxo ácido.

Estilo de vida e hábitos:

Certos hábitos como o fumo podem piorar muito os sintomas do refluxo ácido. Sabemos que esses hábitos não são bons para nós, mas eles podem piorar muito a condição e os sintomas se tornam muito mais prevalentes. Você pode descobrir que precisa mudar seu estilo de vida também, porque o simples ato de se deitar depois de comer pode fazer você sofrer muito. Entraremos em mais detalhes quando discutimos como viver com refluxo ácido, mas basta dizer que você pode precisar fazer algumas mudanças a longo prazo.

Outras condições de saúde: Basta dizer que se você sofre de outras condições de saúde, o refluxo ácido pode tornar-se muito mais provável. Adicionando a isso o fato de que determinados distúrbios gastrointestinais como uma hérnia de hiato, onde o estômago se projeta um pouco acima do peito através do diafragma, podem resultar em refluxo ácido. Outras condições, tais como úlceras tendem a andar lado a lado com esta condição. Então, se você sofre de outras condições de saúde, fique atento para os sintomas comuns, pois o refluxo ácido pode tornar-se inevitável.

Se informar pode realmente ajudar

Apesar de todo mundo ser diferente, quando se trata deste transtorno muitas vezes frustrante, é importante estar informado. Compreender o que pode contribuir para o aparecimento do refluxo ácido e, mais importante, como isso pode afetar sua vida através de sintomas comuns pode ajudá- lo a tornar-se informado e se dominar esta doença. Você realmente está controle e, se você sabe o que procurar e está em sintonia com quaisquer semelhanças ou sintomas para procurar, então você vai saber como lidar melhor com a doença. Os médicos dão boas-vindas a um paciente informado, mas lembre-se de que eles são a sua melhor fonte para o diagnóstico adequado e, mais importante, um plano de tratamento que funciona melhor para suas necessidades individuais.

Agora, você viu o que causa ou contribui para o refluxo ácido. Você já viu como se parece... e sabe o que o refluxo ácido pode fazer com você. Pegue estas informações e aplique-as à sua vida, e informe-se para ajudar a obter a ajuda que você realmente precisa. Em seguida, é importante compreender o que comer e como viver com refluxo ácido — e vamos ajudá-lonisso também.

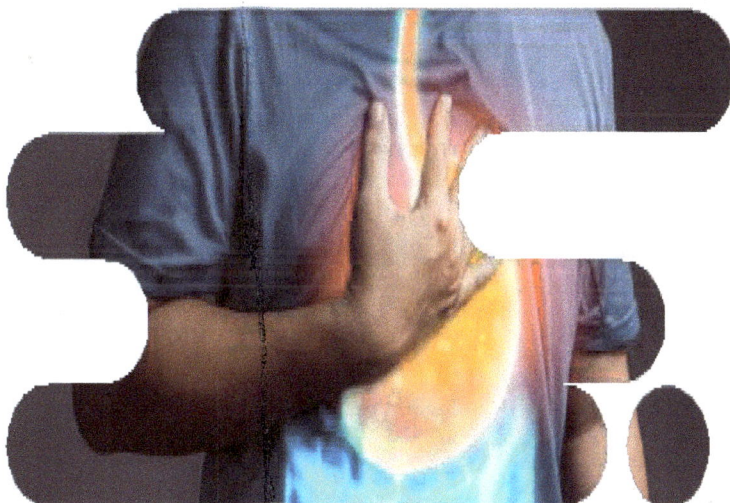

ELIMINANDO O REFLUXO

CAPÍTULO 04
UMA DIETA APROPRIADA PARA O REFLUXO ÁCIDO

Uma dieta apropriada para o refluxo ácido

Apesar de manter uma dieta adequada ser importante em quase todas as condições de saúde, é fundamental no que se refere ao refluxo ácido. Os alimentos que você come podem piorar as coisas. Existem alimentos ativadores que podem até ser a própria fonte desta condição de saúde horrível para você. Você pode não perceber como sua dieta é importante para obter a ajuda necessária exigida para combater o refluxo ácido. Isto é frequentemente negligenciado como uma causa para o refluxo ácido, mas os alimentos que você ingere ou não mpodem fazer uma enorme diferença em como você lida com o refluxo ácido e até que ponto a doença pode chegar. Para algumas pessoas, pode haver apenas um ou dois alimentos ativadores. Para outros, eles podem precisar fazer toda uma mudança dietética para focar em alimentos que lhes impeçam de ter recaídas, comumente associadas com refluxo ácido.

Embora só faça sentido que determinados alimentos podem agravar o refluxo ácido e causar uma recaída nos sintomas, pode ser mais extremo para alguns. Pode parecer como se cada alimento fizesse com que algum sintoma apareça, e isso pode ser muito, em detrimento daqueles que têm de viver com refluxo ácido. Então por onde começar? Como saber quais alimentos estão fora dos limites e quais estão liberados? É importante lembrar novamente que, o refluxo ácido é diferente para todos.

Os alimentos que causam grandes problemas em algumas pessoas podem causar nenhuma reação em outras pessoas. Não há dois casos idênticos. Para algumas pessoas se trata dos alimentos que comem e para outras se trata das porções. Algumas pessoas podem ser capazes de comer o que quiserem, mas tem que prestar atenção no que elas bebem.

Enquanto outros sofrem mais com os fatores relacionados ao estilo de vida que podem desencadear os sintomas — serve apenas para mostrar que o refluxo ácido é realmente diferente para todo mundo que vivencia e sofre com isso.

Alimentos comuns que ativam a doença

Embora possa existir uma lista ainda maior, que nós vamos retratar, estes são os alimentos ativadores mais comuns. Esta lista apresenta os alimentos dos quais muitas pessoas tendem a se queixar, ou com os quais tem problemas. Estes são alimentos que, por uma ou outra razão, tendem a agravar, ferir ou fazer com que o refluxo ácido apareça repetidamente. Então,para começar, vamos para a lista de alimentos ativadores comuns. Os alimentos ativadores comuns incluem:

> **Alimentos picantes:** isto pode englobar desde uma alta dose de pimenta preta até as pimentas Caiena ou chili. Isto pode abranger todos os tipos de culinária, como a mexicana ou indígena, ou pode se limitar a um tempero específico. Para muitos que sofrem de refluxo ácido,alimentos picantes, de uma forma ou de outra tendem a agravar a situação e levar ao aparecimento de sintomas que os afligem.

> **Alho:**apesar de alho certamente ser a base de diversos remédios caseiros, também tende a ocasionar sintomas de refluxo ácido para algumas pessoas. Pode começar como uma simples azia e daí desencadear uma gama de sintomas. Isto pode variar desde alimentos que são feitos com alho ou ser mais específicos, como comer alho puro.

> **Frutas cítricas:** devido ao seu alto teor de ácido, as frutas cítricas são irritantes bastante comuns. Comer frutas como laranjas, toranjas, abacaxi ou até mesmo uma espremida de limão ou lima pode fazer com que algumas pessoas sintam a queimação quase imediatamente.

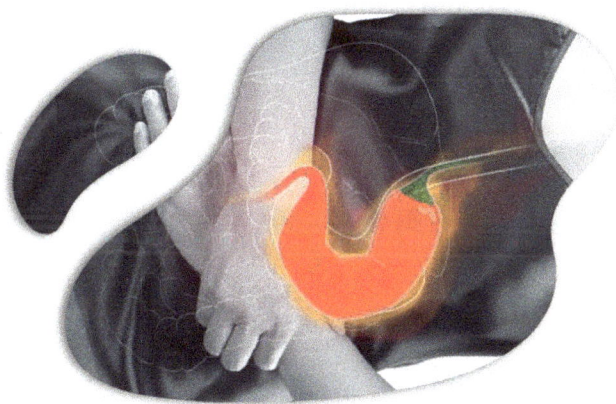

➤ **Alimentos fritos:** Esses são comuns, e tem tanto a ver com o teor de gordura como com o método de preparação e empanação. Qualquer tipo de alimento frito pode fazer com que uma pessoa imediatamente sinta azia, podendo rapidamente evoluir para sintomas mais extremos. Este geralmente é o primeiro alimento que os médicos investigam para entender se os alimentos ativadores são responsáveis pelos sintomas de refluxo ácido de um indivíduo.

➤ **Vinagre:**sabe aquela sensação ácida que o vinagre lhe dá, às vezes até com o cheiro? Bem, a acidez é um culpado comum para aqueles que sofrem de refluxo ácido. Pode estar limitada a usar vinagre como um tempero ou pode aparecer em casos mais extremos, onde um indivíduo deve evitar qualquer coisa feita com vinagre.

➤ **Tomate:** na mesma linha das frutas cítricas, o tomate tende a ter um elevado teor de acidez. Pode se limitar a tomates em sua forma bruta, ou pode incluir produtos como catchup, molho de tomate, suco de tomate ou outros produtos feitos à base de tomate.

➤ **Verduras crucíferas:** as mesmas verduras muito que muitas vezes são as melhores para nós podem causar gases. Isso pode ser comum naqueles que ainda não sofrem de refluxo ácido, sendo específico para esses vegetais crucíferos. Para aqueles que sofrem de refluxo ácido, comer vegetais como couve-flor, brócolis, repolho ou couve de Bruxelas pode causar sérios efeitos colaterais.

➤ **Feijão:** outro alimento ativador que muitas pessoas podem acusar é o feijão, e muitas vezes pode ser de qualquer forma. Como existem muitos tipos e variações diferentes de feijão, este é um alimento no qual as pessoas realmente precisam prestar atenção.

➤ **Cafeína:** Cafeína: embora funcione bem para você acordar de manhã, ou te dar aquele empurrão de tarde, a cafeína pode estar fora dos limites para aqueles com refluxo ácido. Este estimulante pode fazer com que os sintomas em alguns pacientes com refluxo ácido apareçam quase que instantaneamente. Isto ocorre com mais frequência com o café, mas pode acontecer com chá, cacau, ou mesmo chocolate quente.

➢ **Álcool:** embora muitas pessoas tentam ignorar este"alimento ativador", o álcool pode causar sérios danos para aqueles que sofrem de refluxo ácido. A volta do ácido do estômago pode ser sentida muito rapidamente ou não se mostrar até o próximo dia, mas esse é um alimento ativador no qual se deve ficar de olho.

Então, como saber se você tiver problemas com um mais de um alimento ativador ao mesmo tempo? Infelizmente você só poderá saber através de tentativa e erro e ao longo do tempo. É aí que ajuda manter um diário alimentar. Você pode até desenvolver problemas com alguns destes alimentos ativadores mais tarde, depois que seu refluxo ácido já foi diagnosticado. Assim como os sintomas de refluxo ácido podem mudar ao longo do tempo, também podem mudar os gatilhos que os detonam. Seus sintomas podem ter mais a ver com o estilo de vida, e lidaremos com eles em um capítulo posterior. Por ora, esta lista abrangente oferece a você alguns dos alimentos ativadores mais comuns que você pode esperar que causem algum tipo de sintoma de refluxo ácido.

Um dos elementos mais importantes em tratar e conviver com o refluxo ácido sem problemas é fazer as mudanças necessárias no estilo de vida. Listamos algumas das mudanças mais comuns e as principais categorias, mas só você sabe o que você precisa mudar. Para alguns, é a maneira com a qual eles processam e lidam com o estresse.

Para outros, pode ser os hábitos alimentares que mantiveram suas vidas inteiras. Viver com refluxo ácido se trata de aprender e crescer. A realidade é que é uma "obra em andamento", porque você provavelmente terá que fazer mais alterações e ajustes ao longo do caminho, e todos eles ajudarão você a lidar com sucesso com esta doença às vezes frustrante. Nunca é demais salientar que esta é uma doença diferente para todos e,portanto, o estilo de vida é igual a uma variedade de mudanças diferentes. Embora muitas pessoas possam ser resistentes para fazer essas alterações em primeiro lugar, rapidamente percebem que esta ação pode ser aúnica maneira de viver sem dor.

ELIMINANDO O REFLUXO

CAPÍTULO 05
VOCÊ FARÁ AS MUDANÇAS NECESSÁRIAS?

Você fará as mudanças necessárias ?

Quando os sintomas são mais leves ou menos prevalentes, é muito fácil para as pessoas deixar de lado e ignorar a necessidade de mudar. Não quer dizer que seu estilo de vida, necessariamente, irá colocá-lo na situação de ter refluxo ácido, mas obviamente existem muitos fatores que podem contribuir para a probabilidade de desenvolvê-lo. Dito isto, uma vez que os sintomas começam a piorar ou apareçam mais frequentemente, as pessoas começam a perceber que a mudança é necessária. Embora existam poucas pessoas que possam sofrer de refluxo ácido e estar fazendo as coisas certas,sem a necessidade de nenhuma mudança, isto é uma exceção à regra. A maioria das pessoas que sofrem de refluxo ácido pode e deve fazer algum tipo de mudança em sua vida. Geralmente há pelo menos uma área que pode ser alterado, que irá diminuir os sintomas e permitir que voce viva mais confortavelmente com refluxo ácido. A questão é: você vai fazer as mudanças necessárias?

Quando for solicitado que você faça mudanças de estilo de vida, pode ser difícil. Certamente pode significar sacrifício ou dificuldade em abrir mão de coisas que você está acostumado a fazer. Quando você for solicitado a fazer uma mudança pode encontrar resistência, porque você pode gostar ou estar acostumado com o modo de agir. O problema é este — se você não fizer as mudanças necessárias em sua vida, então o problema pode piorar.

Se você não parar de fumar ou fazer as alterações necessárias em sua dieta, então pode esperar que os sintomas de refluxo ácido irão piorar ao longo do tempo. Se você o deixar em paz e não fizer nada, na maioria das vezes o refluxo ácido vai piorar e tornar-se muito frustrante e doloroso. Se você quiser evitar essa dor e desconforto e de alguma forma, evitar uma vida debilitante por causa do refluxo ácido, então você vai fazer a mudança.

Pegue leve no começo, focando em uma área principal de cada vez. Veja o quão melhor você sente e ajuste de acordo porque, novamente, esta é uma "obra em andamento". Não tente fazer tudo de uma vez, mas apenas lembre-se de que quanto mais você quiser fazer as alterações necessárias e mais você tiver aberto seus olhos para seu estilo de vida, melhores suas chances de conviver com o refluxo ácido. Você está no assento do motorista e, se você trabalha para superar os obstáculos que podem agravar ou contribuir para o refluxo ácido, então você vai encontrar uma maneira de viver com isso de uma maneira muito melhor.

Opções para tratar e viver com o refluxo ácido

Não importa que tipo de mudanças de estilo de vida você pode fazer ou que alimentos você pode comer ou evitar,os sintomas podem ainda estar lá.

A parte frustrante do refluxo ácido é que ele pode mudar sem qualquer aviso e os alimentos que caíram muito bem um dia estar fora dos limites no próximo. Esta é uma doença em permanente evolução e, portanto, você precisa acompanhá-la. Como já dissemos, a maior parte da responsabilidade é sua de manter-se atento para os alimentos que você come e o estilo de vida que você leva para controlar esta doença. Essa parte nunca vai mudar porque você está sempre no centro de como viver com esta doença. Além disso, cabe a você manter um diário alimentar e tomar todas as medidas necessárias para ficar bem. Às vezes, no entanto, não é o suficiente! Às vezes você precisa de algum tipo de tratamento, medicação ou algo mais natural. Às vezes você precisa de ajuda adicional, acima e além do que você é capaz delidar.

Seu médico é a melhor e mais importante pessoa a decidir sobre seu plano de tratamento necessário. No entanto você desempenha um papel ativo na mesma porque você precisa decidir quando as coisas não estão funcionando, ou se as mudanças são necessárias. Só você sabe o que está acontecendo ao longo de um dia ou uma semana, e, portanto, seu médico pode muito bem depender de você para informá-lo sobre o que está acontecendo com você. Se os seus sintomas piorarem, se tornam mais frequentes, ou a medicação ou tratamento prescrito não estiver funcionando, então você precisa ser o único a reconhecer e trabalhar com seu médico para tomar as próximasmedidasnecessárias. Para algumaspessoas, podem conseguir uma medicação e permanecer usando ela por anos sem ter que se preocupar com isso novamente.

Essas pessoas têm sintomas específicos e podem achar que certos medicamentos funcionam bem para eles ao longo do tempo. Para outros, no entanto, podem começar com remédios naturais ou caseiros e depois mudar para a prescrição de medicamentos — a situação oposta também pode ocorrer. Então você vê mais uma vez quão diferente o refluxo ácido é em pessoas diferentes e como é verdadeiramente uma doença individual. Você rapidamente vê que não há nenhum plano de tratamento "que serve para todo mundo".

Quais os medicamentos comuns usados para tratar o refluxo ácido?

Por mais diferentes que sejam os sintomas de refluxo ácido refluxo que existem por aí, você pode sobre muitos medicamentos. Basta você verificar na farmácia local para ver quantos produtos estão alinhados nas prateleiras com a promessa de ajudar a resolver sua indigestão ou refluxo. Então, como fazer tudo ter sentido? Não entraremos na ciência de tudo, mas aqui estão algumas grandescategorias de medicamentos que podem ser de grande ajuda.

➢**Antiácidos:** Este é o remédio mais comum que as pessoas procuram, especialmente no início.Quando as pessoas sofrem de incidentes isolados de azia ou indigestão,eles provavelmente buscam alguma forma de antiácidos.Eles podem ajudar por um tempo,mas se os sintomas piorarem ou o refluxo ácido se tornar mais grave e mais pronunciado,muitas vezes não oferecem o mesmo nível de alívio.Não quer dizer que eles vão te machucar,mas eles necessariamente não proporcionarão o mesmo alívio de antes, porque não são tão eficazes quanto os seus sintomas requerem.

➢**Medicamentos sem receita:**abrange uma vasta gama de medicamentos. Alguns vêm sob a forma de líquidos, outros vêm na forma de comprimidos, alguns você toma antes de uma refeição e outros você toma logo após uma refeição, então você pode se perder nas linhas de vários medicamentos. Se os seus sintomas são novos, ou se você tiver um caso leve e simplesmente quiser experimentar uma medicação sem receita, então concentre-se em quais são seus sintomas e procure os medicamentos que parecem oferecer o melhor alívio. Alguns medicamentos que foram oferecidos apenas uma vez por meio de uma receita agora podem ser encontrados como variedades ao balcão. Por exemplo, você pode encontrar uma versão mais suave de Prilosec que oferece alívio para quem sofre de refluxo ácido por anos. Isto pode ser um bom lugar para começar e ver como medicamentos sem receita aliviam os sintomas.

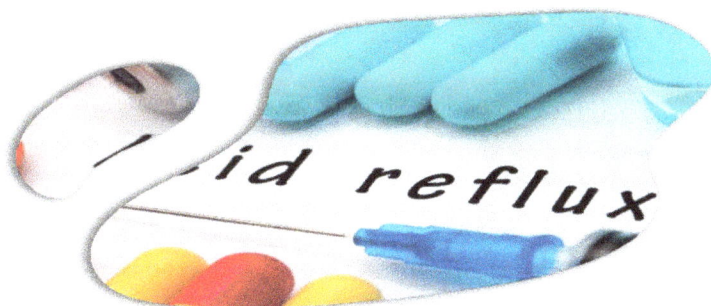

➢ **Medicamentos de prescrição:** estes são obrigados a ser um pouco mais potentes e são prescritos pelos médicos para lidar com seus sintomas específicos. Você pode ter que usar um ácido ou um bloqueador "H2" que na verdade retarda ou interrompe a produção de ácido do estômago. Você pode usar um medicamento anti-espasmo que funciona reduzindo os espasmos musculares reais que podem contribuir, ou até mesmo causar o refluxo ácido ou retorno do ácido em primeiro lugar. Você pode ter que utilizar um inibidor da bomba de prótons (PPI), que começa a agir nas moléculas reais responsáveis pela produção de ácidos estomacais. O tipo de prescrição de medicamentos que lhe é fornecido tem muito a ver com a gravidade, tipo e frequência de seus sintomas. Você ter feito alguma coisa para controlar os seus sintomas ou padrões será de grande ajuda para que seu médico possa trabalhar com você em um tratamento eficaz.

Embora estas sejam apenas as principais categorias de medicamentos, há obviamente muitas combinações diferentes e variedades que podem ser receitadas ou recomendadas. Comece devagar, se você estiver apenas começando a experimentar sintomas leves. Medicamentos sem receita podem funcionar bem se você está apenas começando a experimentar sintomas, se os sintomas são leves ou generalizados, ou se seu médico lhe disser que você tem um leve caso de refluxo ácido.

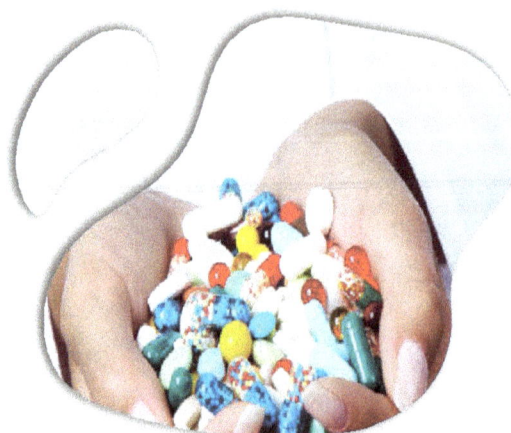

Se nada parece estar ajudando ou se os seus sintomas parecem estar se intensificando, então pode ser hora de procurar alguns medicamentos de prescrição. Seu médico é o melhor juiz do que pode funcionar melhor, mas é importante que você esteja em sintonia com os seus sintomas e que você os transmita corretamente na sua visita. Esta é a única maneira de garantir o tratamento adequado e encontrar a maneira mais eficaz de lidar e conviver com refluxo ácido.

E os remédios naturais?

Nos últimos anos, tornou-se bastante popular procurar por formas alternativas de cura. Isto não é específico para refluxo ácido, mas para todos os tipos de condições de saúde. Apesar de algumas doenças ou condições de saúde garantirem a necessidade de tomar diariamente a medicação prescrita para o tratamento adequado, há determinadas condições, onde você pode ser capaz de experimentar alguns tipos mais naturais ou alternativos de tratamento. Alguns pacientes podem se beneficiar deste método de lidar com seus sintomas. Pode não funcionar para todos, e isto pode não ser uma metodologia que todos os pacientes acreditem, mas vale a pena mencionar. Se você resiste a tomar diariamente a medicação ou quer tentar um tratamento maisnatural, converse com seu médico sobre isso. Embora possa não funcionar em todos os casos de refluxoácido, para alguns pode ser uma boa alternativa. Seu médico pode avaliar melhor se esses métodos irão funcionar para você,mas se informar é parte de sua responsabilidade em lidar com refluxo ácido.

Aqui estão alguns tipos de tratamentos naturais ou alternativos que podem funcionar para algumas pessoas que sofrem de refluxo ácido:

➢ **Acupuntura:** embora esta seja uma prática relativamente nova dentro de nossa cultura, esteve por aí durante séculos. A acupuntura utiliza agulhas minúsculas em seus pontos de pressão para ajudar você a lidar com doenças ou com a dor que você pode estar sentindo. Um acupunturista licenciado trabalha com você, colocando as agulhas na origem da dor ou bloqueio potencial que possa estar contribuindo para a sua condição de saúde ou doença. Isso requer uma mente aberta por parte do paciente, porque é diferente de qualquer outro tipo de medicina tradicional, mas algumas pessoas que sofrem de refluxo ácido podem encontrar algum tipo de alívio ao tentar este método de cura. Pode exigir alguns tratamentos para ver os resultados, mas pode funcionar para algumas pessoas.

➢ **Terapia herbal:** deve ser feita em conjunto com seu médico e/ou um profissional que pode lhe apontar os tipos certos de ervas, e é claro, a dosagem apropriada. Existem algumas ervas, como gengibre, camomila e ulmária, que têm propriedades curativas naturais. Isto pode ser bastante útil para se livrar dos sintomas ou pelo menos diminuir a sua ocorrência. Embora estas ervas possam ser muito úteis para algumas pessoas, é muito importante ter a assistência de um profissional treinado, quanto às que irão funcionar melhor para você.

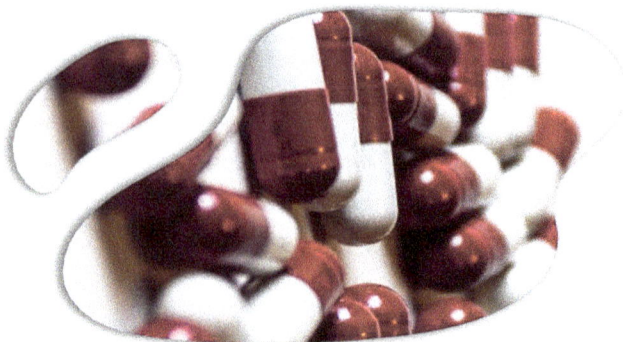

Você quer ter certeza de que sabe o que cada erva pode oferecer, qual é a dosagem adequada, e especificamente com o que pode ajudar. Alguns pacientes que sofrem de refluxo ácido podem achar que a terapia à base de plantas, por conta própria ou quando combinada com acupuntura podem proporcionar grande alívio de seus sintomas. Mais uma vez, porém, isso pode não funcionar para todos.

➤ **Remédios caseiros:** O mérito desses remédios caseiros pode ser questionável, mas eles são dignos de menção. Há certos alimentos, que você pode encontrar em sua própria casa, que se acredita que sejam de grande ajuda. Embora alguns médicos podem não necessariamente prescrever estes, não custa nada tentar. Isto pode ser especialmente útil para aqueles que têm sintomas mais leves ou para aqueles que querem apenas recorrer a um método alternativo para ver o que este tipo de ajuda pode proporcionar. Comer alimentos como mamão fresco, gengibre fresco e marshmallow pode fornecer grande alívio. Eles têm propriedades de cura naturais que podem ajudar a lidar com o refluxo ácido e aliviar temporariamente os sintomas.Como com sua dieta regular,você pode ter que experimentar com os alimentos que ajudam, mas não custa nada tentar uma forma natural de cura.

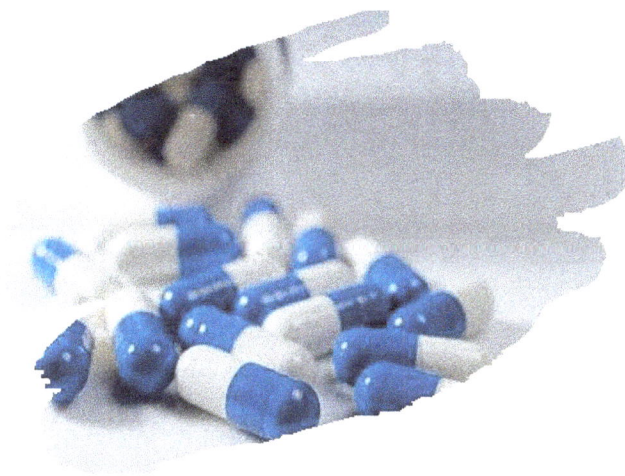

Um tratamento para todos

Como com todos os outros aspectos de refluxo ácido, é uma doença muito individual. Aqueles que sofrem com isso são o melhor indicador dos tipos de sintomas que eles têm, bem como a gravidade e frequência para o qual eles ocorrem. Em alguns casos, tratamentos naturais podem ser a melhor opção e podem proporcionar grande alívio. Em outros casos, onde os sintomas são generalizados ou um pouco mais suaves, os pacientes podem descobrir que medicamentos sem receita são a melhor opção. Como o refluxo ácido é uma doença individual, assim são os medicamentos ou planos de tratamento que oferecem a melhor ajuda. Você como um indivíduo pode julgaro que ajuda, e se você coordenar as orientações e conselhos doseu médico, você com certeza encontrará o melhor tratamentopara seus sintomas.

Se no início você não encontrar alívio com um tratamento específico, tente outro. Se você está cansado de se medicar sem qualquer alívio, então tente uma terapia natural. Esta é uma doença para a qual o tratamento pode mudar, pois os sintomas variam. Você pode encontrar um medicamento que pode funcionar a longo prazo e ficar com ele por anos, trazendo o alívio necessário. Preste atenção no que está funcionando e,mais importante, no que não está. Faça a sua diligência para monitorar e controlar o que está acontecendo e alterar de acordo com o seu tratamento. É importante fazer tudo isso sob a supervisão de um médico,especialmente porque você não quer seguir com medicamentos ou dosagens impróprias.

Cabe a você conversar com seu médico e juntos decidirem qual o melhor plano de tratamento, e se algo não funcionar, procurar melhores alternativas. Há diversas maneiras de tratar o refluxo ácido, e isso torna uma condição de saúde com a qual você podeconviver. Conforme você mantém o refluxo ácido sob controle, você com certeza encontrará o melhor tratamento para ajudá- lo a encontrar alívio e conforto no processo. Realmente há solução para todos!

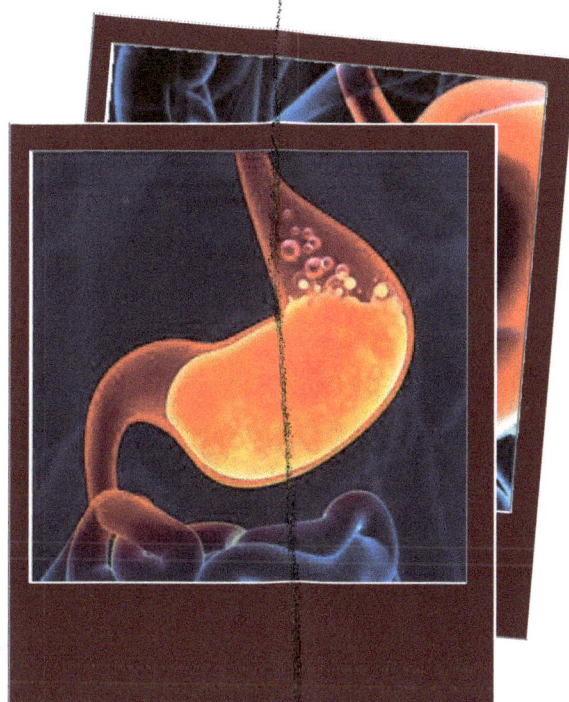

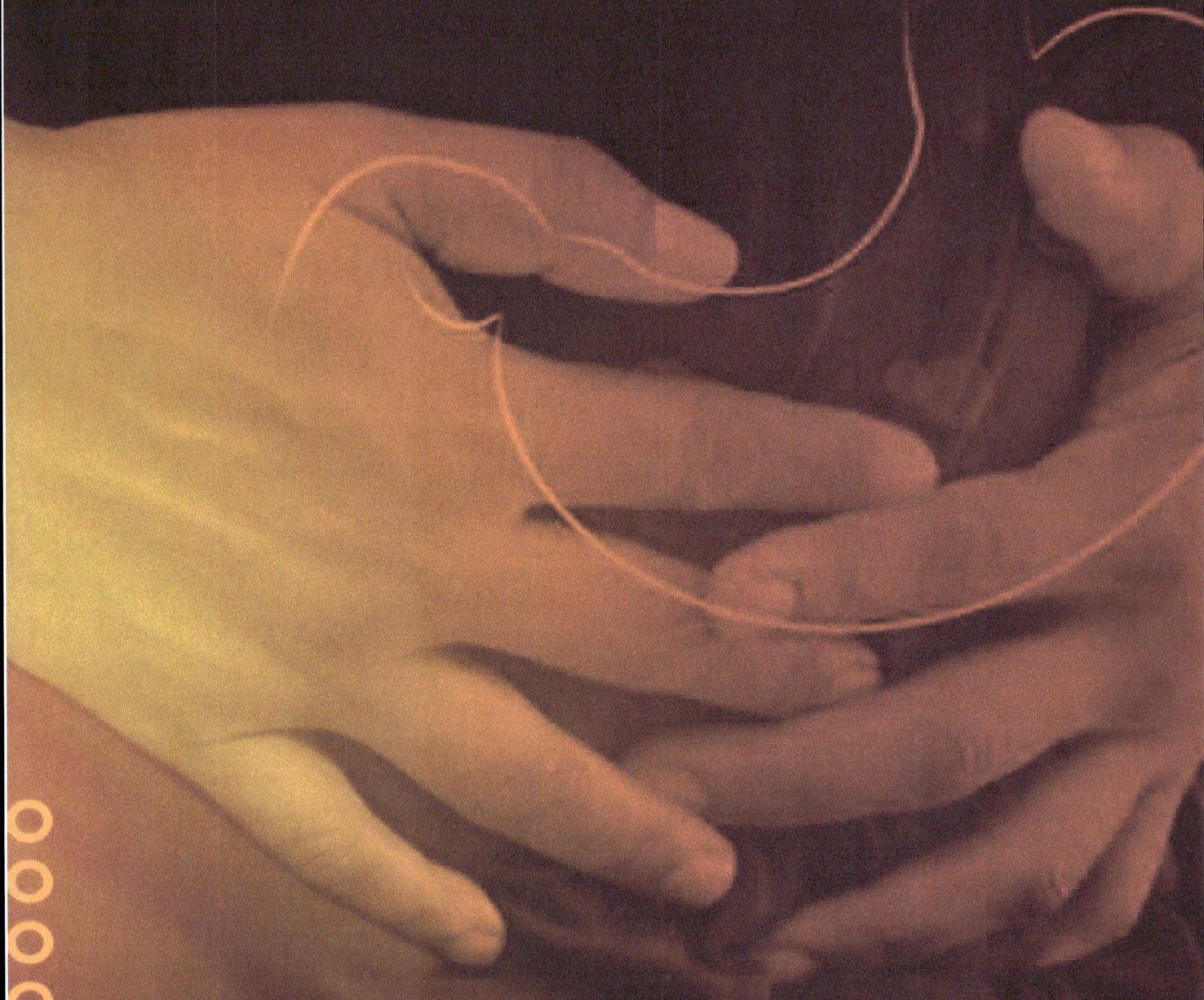

ELIMINANDO O REFLUXO

CONCLUSÃO

Conclusão

Nós fornecemos a você todas as dicas sobre o refluxo ácido. Já o guiamos através das etapas para entender como isso ocorre, o que ele causa e o que você pode fazer para viver com ele. Esta é apenas uma parte da equação, porque a informação é apenas o começo, e aprender a viver com isso é a outra parte importante.

Sendo um paciente e consumidor informado pode ajudá-lo a encontrar os tratamentos adequados. Quando se trata de refluxo ácido, a informação é um aspecto importante,que ajuda a conviver com isso. Se você assumir o controle da doença, então com certeza ela não assumirá o controle sobre vocês. Esta é uma condição de saúde com a qual você efetivamente pode viver sem, e é algo para o qual tratamento não apenas está disponível, mas é recomendado. É importanteque você se mantenha atento a seus sintomas e veja o que funciona e o que não funciona.

Esta é uma condição de saúde na qual os alimentos que você ingere e o estilo de vida que você leva podem ter um grande efeito sobre como conviver com ela; é uma condição de saúde tratável, mas demanda seu foco e discernimento para entender como refluxo está lhe afetando. Nós lhe fornecemos uma compreensão do que é refluxo ácido e como ele age.

Nós lhe mostramos como os sintomas podem se revelar e como eles podem mudar ao longo do tempo. Já lhe mostramos como deveser uma dieta adequada e até discutimos quais podem ser os alimentos que a desencadeiam. Já indicamos os diferentes tiposde medicamentos e tratamentos que existem por aí.

Agora o resto é com você — porque, em último caso, você estáno controle de como conviver com esta doença.Você é o melhor indicador de como o refluxo está lhe afetando e, mais importante, como você pode encontrar a melhor maneira paraviver com ele.

As pessoas podem conviver com refluxo ácido e encontrar a maneira mais confortável de fazê-lo. Embora já tenha sido dito antes, vale a pena repetir esta é uma doença muito individual. Não existe um tratamento que sirva para todos, assim como não existe uma única maneira como a doença se manifesta. Esta pode ser uma condição de saúde com a qual se pode conviver, e se você ficar atento a todos os sintomas e a como o refluxo se apresenta dentro de você, então você vai conviver com isso por anos e provavelmente nem sequer pensar nele.

O refluxo ácido não precisa controlar sua vida, só fará isso se você deixar. Embora seja certamente uma condição de saúde para se levar a sério, mas não para arruiná-lo.

Você pode levar um estilo de vida saudável e você pode fazer as alterações necessárias para tornar esta condição de saúde um pouco mais suportável. Com o passar do tempo, você vai descobrir quais métodos de tratamento funcionam melhor e qual estilo de vida se encaixa na sua condição. Você tem todas as ferramentas para entender o refluxo ácido, agora cabe a você fazer algo a respeito. Viver com refluxo ácido é possível, e agora você pode conseguir as informações necessárias para fazer algo a respeito. Siga em frente, aprenda a conviver com o refluxo ácido e desfrute da vida novamente a escolha é sua!

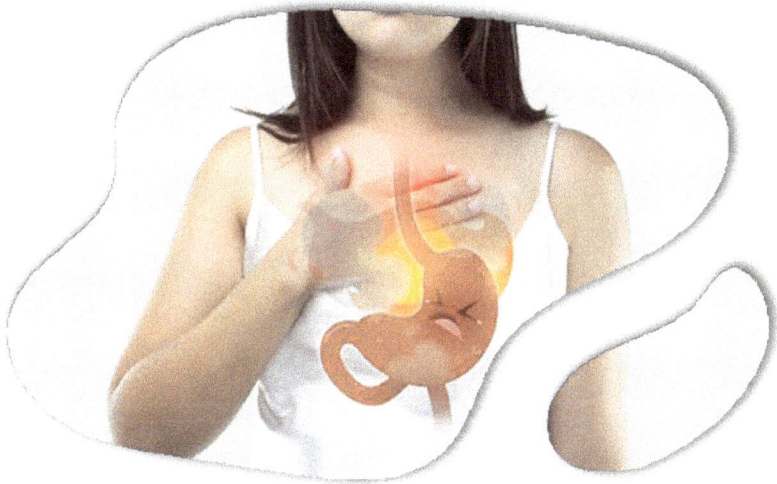

Obrigado por ler até aqui!

www.ingramcontent.com/pod-product-compliance
Lightning Source LLC
Chambersburg PA
CBHW080859090426
42738CB00015B/3197